말씀 쑥쑥 믿음 쑥쑥

성경필사

주기도문. 십계명.감사.사랑.순종 등
주제별 성경 말씀과
단어뜻이 있어 쉽게 배우는
성경 필사!

목차

하루 하루 쑥쑥쑥쑥 체크리스트

36일 완성

☑	1일차	**감사 1, 2**	☐	10일차	**용기 1, 2**	☐	19일차	**인내 1, 2**	☐	28일차	**소망 1, 2**
☐	2일차	감사 3, 4	☐	11일차	용기 3, 4	☐	20일차	인내 3, 4	☐	29일차	소망 3, 4
☐	3일차	감사 5, 퀴즈	☐	12일차	용기 5, 퀴즈	☐	21일차	인내 5, 퀴즈	☐	30일차	소망 5, 퀴즈
☐	4일차	**사랑 1, 2**	☐	13일차	**친절 1, 2**	☐	22일차	**믿음 1, 2**	☐	31일차	**정직 1, 2**
☐	5일차	사랑 3, 4	☐	14일차	친절 3, 4	☐	23일차	믿음 3, 4	☐	32일차	정직 3, 4
☐	6일차	사랑 5, 퀴즈	☐	15일차	친절 5, 퀴즈	☐	24일차	믿음 5, 퀴즈	☐	33일차	정직 5, 퀴즈
☐	7일차	**순종 1, 2**	☐	16일차	**지혜 1, 2**	☐	25일차	**기도 1, 2**	☐	34일차	**화평 1, 2**
☐	8일차	순종 3, 4	☐	17일차	지혜 3, 4	☐	26일차	기도 3, 4	☐	35일차	화평 3, 4
☐	9일차	순종 5, 퀴즈	☐	18일차	지혜 5, 퀴즈	☐	27일차	기도 5, 퀴즈	☐	36일차	화평 5, 퀴즈

60일 완성

☑	1일차	**감사 1**	☐	16일차	**용기 1**	☐	31일차	**인내 1**	☐	46일차	**소망 1**
☐	2일차	감사 2	☐	17일차	용기 2	☐	32일차	인내 2	☐	47일차	소망 2
☐	3일차	감사 3	☐	18일차	용기 3	☐	33일차	인내 3	☐	48일차	소망 3
☐	4일차	감사 4	☐	19일차	용기 4	☐	34일차	인내 4	☐	49일차	소망 4
☐	5일차	감사 5, 퀴즈	☐	20일차	용기 5, 퀴즈	☐	35일차	인내 5, 퀴즈	☐	50일차	소망 5, 퀴즈
☐	6일차	**사랑 1**	☐	21일차	**친절 1**	☐	36일차	**믿음 1**	☐	51일차	**정직 1**
☐	7일차	사랑 2	☐	22일차	친절 2	☐	37일차	믿음 2	☐	52일차	정직 2
☐	8일차	사랑 3	☐	23일차	친절 3	☐	38일차	믿음 3	☐	53일차	정직 3
☐	9일차	사랑 4	☐	24일차	친절 4	☐	39일차	믿음 4	☐	54일차	정직 4
☐	10일차	사랑 5, 퀴즈	☐	25일차	친절 5, 퀴즈	☐	40일차	믿음 5, 퀴즈	☐	55일차	정직 5, 퀴즈
☐	11일차	**순종 1**	☐	26일차	**지혜 1**	☐	41일차	**기도 1**	☐	56일차	**화평 1**
☐	12일차	순종 2	☐	27일차	지혜 2	☐	42일차	기도 2	☐	57일차	화평 2
☐	13일차	순종 3	☐	28일차	지혜 3	☐	43일차	기도 3	☐	58일차	화평 3
☐	14일차	순종 4	☐	29일차	지혜 4	☐	44일차	기도 4	☐	59일차	화평 4
☐	15일차	순종 5, 퀴즈	☐	30일차	지혜 5, 퀴즈	☐	45일차	기도 5, 퀴즈	☐	60일차	화평 5, 퀴즈

이렇게 하세요

어휘의 정확한 뜻을 이해해요.

감사 1

어휘 쏙쏙

- 궁정: 임금이 거처하는 집
- 송축: 하나님 앞에 몸과 마음을 바쳐 감사와 찬송을 드리는 행위

오늘의 말씀을 읽어요.

감사함으로 그의 문에 들어가며 찬송함으로 그의 궁정에 들어가서
그에게 감사하며 그의 이름을 송축할지어다
시편 100편 4절

원고지에 말씀을 따라 써 봐요.
정확한 띄어쓰기를 익힐 수 있어요.

	감	사	함	으	로		그	의		문	에		들	어	가
며		찬	송	함	으	로		그	의		궁	정	에		들
어	가	서		그	에	게		감	사	하	며		그	의	
이	름	을		송	축	할	지	어	다						
시	편		1	00	편		4	절							

다시 한 번 따라 써 보며 말씀을 새겨요.

감사함으로 그의 문에 들어가며
찬송함으로 그의 궁정에 들어가서
그에게 감사하며 그의 이름을 송축할지어다
시편 100편 4절

빈 칸에 단어를 채워 써 보고,
완성된 구절을 큰 소리로 읽어요.

＿＿으로 그의 문에 들어가며
찬송함으로 그의 ＿＿에 들어가서
그에게 감사하며 그의 이름을 ＿＿할지어다.
시편 100편 4절

퀴즈 풀고 말씀 먹고

빈칸에 알맞은 단어를 아래의 상자에서 골라 쓰세요.

송축　범사　인자　말미암다　영화

어휘와 뜻을 연결하여 복습해요.

② 마음이 어질고 자애로움 또는 그 마음

③ 하나님 앞에 몸과 마음을 바쳐 감사와 찬송을 드리는 행위

④ 어떤 현상이나 사물 따위가 원인이나 이유가 되다

⑤ 모든 일

퀴즈 풀고 말씀 먹고

줄을 이어 말씀을 완성하세요.

감사함으로 그의 문에 들어가며 찬송함으로 그의 궁정에 들어가서	감사로 제사를 드리는 자가 나를 영화롭게 하나니	범사에 감사하라 이것이 그리스도 예수 안에서	우리 주 예수 그리스도로 말미암아	여호와께 감사하라 그는 선하시며

재미있는 활동으로 말씀을 완성해요.

그 인자하심이 영원함이로다 시편 107편 1절	그의 행위를 옳게 하는 자에게 내가 하나님의 구원을 보이리라 시편 50편 23절	그에게 감사하며 그의 이름을 송축할지어다 시편 100편 4절	우리에게 승리를 주시는 하나님께 감사하노니 고린도전서 15장 57절	너희를 향하신 하나님의 뜻이니라 데살로니가전서 5장 18절

말씀 믿음
쓱쓱 쑥쑥
성경필사

감사말씀 필사하기

시편 100편 4절

데살로니가전서 5장 18절

시편 107편 1절

고린도전서 15장 57절

시편 50편 23절

감사 1

어휘 쑥쑥

- **궁정**: 임금이 거처하는 집
- **송축**: 하나님 앞에 몸과 마음을 바쳐 감사와 찬송을 드리는 행위

감사함으로 그의 문에 들어가며 찬송함으로 그의 궁정에 들어가서
그에게 감사하며 그의 이름을 송축할지어다
시편 100편 4절

	감	사	함	으	로		그	의		문	에		들	어	가
며		찬	송	함	으	로		그	의		궁	정	에		들
어	가	서		그	에	게		감	사	하	며		그	의	
이	름	을		송	축	할	지	어	다						
시	편		1	00	편		4	절							

감사함으로 그의 문에 들어가며
찬송함으로 그의 궁정에 들어가서
그에게 감사하며 그의 이름을 송축할지어다
시편 100편 4절

____으로 그의 문에 들어가며
찬송함으로 그의 ____에 들어가서
그에게 감사하며 그의 이름을 ____할지어다
시편 100편 4절

감사 2

어휘 쑥쑥

- **범사**: 모든 일
- **뜻**: 무엇을 하겠다고 속으로 먹는 마음

범사에 감사하라 이것이 그리스도 예수 안에서
너희를 향하신 하나님의 뜻이니라
데살로니가전서 5장 18절

	범	사	에		감	사	하	라		이	것	이		그	리
스	도		예	수		안	에	서		너	희	를		향	하
신		하	나	님	의		뜻	이	니	라					
데	살	로	니	가	전	서		5	장		18	절			

범사에 감사하라
이것이 그리스도 예수 안에서
너희를 향하신 하나님의 뜻이니라
데살로니가전서 5장 18절

____에 감사하라
이것이 그리스도 예수 안에서
____를 향하신 하나님의 ____이니라

데살로니가전서 5장 18절

감사 3

어휘 쑥쑥

- **선**: 올바르고 착하여 도덕적 기준에 맞음
- **인자**: 마음이 어질고 자애로움 또는 그 마음

여호와께 감사하라 그는 선하시며
그 인자하심이 영원함이로다
시편 107편 1절

	여	호	와	께		감	사	하	라		그	는		선	하
시	며		그		인	자	하	심	이		영	원	함	이	로
다															
시	편		1	07	편		1	절							

여호와께 감사하라

그는 선하시며 그 인자하심이 영원함이로다

시편 107편 1절

여호와께 ____하라
그는 __하시며 그 ____하심이 영원함이로다

시편 107편 1절

감사 4

어휘 쑥쑥

- **승리**: 겨루어서 이김
- **말미암다(말미암아)**: 어떤 현상이나 사물 따위가 원인이나 이유가 되다

우리 주 예수 그리스도로 **말미암아**
우리에게 **승리**를 주시는 하나님께 감사하노니
고린도전서 15장 57절

	우	리		주		예	수		그	리	스	도	로		말
미	암	아		우	리	에	게		승	리	를		주	시	는
하	나	님	께		감	사	하	노	니						
고	린	도	전	서		15	장		57	절					

우리 주 예수 그리스도로 말미암아
우리에게 승리를 주시는 하나님께 감사하노니
고린도전서 15장 57절

우리 주 예수 그리스도로 ______
우리에게 ______를 주시는 하나님께 ______하노니

고린도전서 15장 57절

감사 5

어휘 쑥쑥

- **영화**: 몸이 귀하게 되어 이름이 세상에 빛남
- **행위**: 사람이 의지를 가지고 하는 짓

감사로 제사를 드리는 자가 나를 영화롭게 하나니
그의 행위를 옳게 하는 자에게 내가 하나님의 구원을 보이리라
시편 50편 23절

	감	사	로		제	사	를		드	리	는		자	가	
나	를		영	화	롭	게		하	나	니		그	의		행
위	를		옳	게		하	는		자	에	게		내	가	
하	나	님	의		구	원	을		보	이	리	라			
시	편		50	편		23	절								

감사로 제사를 드리는 자가 나를 영화롭게 하나니
그의 행위를 옳게 하는 자에게
내가 하나님의 구원을 보이리라
시편 50편 23절

감사로 제사를 드리는 자가 나를 ____ 하나니
그의 ____를 옳게 하는 자에게
내가 하나님의 ____을 보이리라
시편 50편 23절

퀴즈 풀고 쓱쓱 말씀 먹고 쑥쑥

빈칸에 알맞은 단어를 아래의 상자에서 골라 쓰세요.

송축 범사 인자 말미암다 영화

① 몸이 귀하게 되어 이름이 세상에 빛남

② 마음이 어질고 자애로움 또는 그 마음

③ 하나님 앞에 몸과 마음을 바쳐 감사와 찬송을 드리는 행위

④ 어떤 현상이나 사물 따위가 원인이나 이유가 되다

⑤ 모든 일

퀴즈 풀고 쑥쑥 말씀 먹고 쑥쑥

줄을 이어 말씀을 완성하세요.

감사함으로 그의 문에 들어가며 찬송함으로 그의 궁정에 들어가서	감사로 제사를 드리는 자가 나를 영화롭게 하나니	범사에 감사하라 이것이 그리스도 예수 안에서	우리 주 예수 그리스도로 말미암아	여호와께 감사하라 그는 선하시며
그 인자하심이 영원함이로다 시편 107편 1절	그의 행위를 옳게 하는 자에게 내가 하나님의 구원을 보이리라 시편 50편 23절	그에게 감사하며 그의 이름을 송축할지어다 시편 100편 4절	우리에게 승리를 주시는 하나님께 감사하노니 고린도전서 15장 57절	너희를 향하신 하나님의 뜻이니라 데살로니가전서 5장 18절

말씀 믿음
쓱쓱 쑥쑥
성경필사

사랑말씀 필사하기

고린도전서 13장 4절

에베소서 5장 2절

요한일서 4장 10절

요한일서 3장 18절

베드로전서 4장 8절

사랑 1

어휘 쑥쑥

- **온유**: 성격, 태도 따위가 온화하고 부드러움
- **시기**: 남이 잘되는 것을 샘하여 미워함
- **교만**: 잘난 체하며 뽐내고 건방짐

사랑은 오래 참고 사랑은 온유하며 시기하지 아니하며
사랑은 자랑하지 아니하며 교만하지 아니하며
고린도전서 13장 4절

사랑은 오래 참고 사랑은 온유하며 시기하지 아니하며 사랑은 자랑하지 아니하며 교만하지 아니하며
고린도전서 13장 4절

사랑은 오래 참고
사랑은 온유하며 시기하지 아니하며
사랑은 자랑하지 아니하며 교만하지 아니하며
고린도전서 13장 4절

사랑은 오래 ____
사랑은 ____하며 ____하지 아니하며
사랑은 자랑하지 아니하며 ____하지 아니하며

고린도전서 13장 4절

사랑 2

어휘 쑥쑥

- **행하다**: 어떤 일을 실제로 해 나가다
- **희생**: 어떤 사람이나 목적을 위해 자신의 목숨, 재산, 명예, 이익 등을 바치거나 버림
- **제물**: 제사를 지낼 때 바치는 물건이나 동물

그리스도께서 너희를 사랑하신 것 같이 너희도 사랑 가운데서 행하라
그는 우리를 위하여 자신을 버리사 향기로운 제물과 희생제물로 하나님께
드리셨느니라 에베소서 5장 2절

	그	리	스	도	께	서		너	희	를		사	랑	하	신
것		같	이		너	희	도		사	랑		가	운	데	서
행	하	라		그	는		우	리	를		위	하	여		자
신	을		버	리	사		향	기	로	운		제	물	과	
희	생	제	물	로		하	나	님	께		드	리	셨	느	니
라		에	베	소	서		5	장		2	절				

그리스도께서 너희를 사랑하신 것 같이

너희도 사랑 가운데서 행하라

그는 우리를 위하여 자신을 버리사 향기로운 제물과

희생제물로 하나님께 드리셨느니라 에베소서 5장 2절

그리스도께서 너희를 사랑하신 것 같이
너희도 사랑 가운데서 ______
그는 우리를 위하여 자신을 ______ 향기로운 제물과
______로 하나님께 드리셨느니라
에베소서 5장 2절

사랑 3

어휘 쑥쑥

- **속하다**: 죄를 씻기 위하여 대신 바치다
- **화목제물**: 죄로 인하여 깨어진, 피조물과 하나님과의 관계를 회복하기 위하여 바치는 제물

사랑은 여기 있으니 우리가 하나님을 사랑한 것이 아니요
하나님이 우리를 사랑하사 우리 죄를 속하기 위하여
화목제물로 그 아들을 보내셨음이라
요한일서 4장 10절

	사	랑	은		여	기		있	으	니		우	리	가	
하	나	님	을		사	랑	한		것	이		아	니	요	
하	나	님	이		우	리	를		사	랑	하	사		우	리
죄	를		속	하	기		위	하	여		화	목	제	물	로
그		아	들	을		보	내	셨	음	이	라				
요	한	일	서		4	장		10	절						

사랑은 여기 있으니 우리가 하나님을 사랑한 것이 아니요
하나님이 우리를 사랑하사 우리 죄를 속하기 위하여
화목제물로 그 아들을 보내셨음이라
요한일서 4장 10절

사랑은 _____ 있으니 우리가 하나님을 사랑한 것이 아니요
하나님이 우리를 사랑하사 우리 죄를 _____ 위하여
_____로 그 아들을 보내셨음이라

요한일서 4장 10절

사랑 4

어휘 쑥쑥

♥ **진실함**: 마음에 거짓이 없이 순수하고 바르다

자녀들아 우리가 말과 혀로만 사랑하지 말고
행함과 진실함으로 하자
요한일서 3장 18절

	자	녀	들	아		우	리	가		말	과		혀	로	만
사	랑	하	지		말	고		행	함	과		진	실	함	으
로		하	자												
요	한	일	서		3	장		18	절						

자녀들아 우리가 말과 혀로만 사랑하지 말고
행함과 진실함으로 하자
요한일서 3장 18절

자녀들아 우리가 ___과 ___로만 사랑하지 말고
___과 ___으로 하자

요한일서 3장 18절

사랑 5

어휘 쑥쑥

♥ **허다하다(허다한)**: 수가 매우 많다

무엇보다도 뜨겁게 서로 사랑할지니
사랑은 허다한 죄를 덮느니라
베드로전서 4장 8절

	무	엇	보	다	도		뜨	겁	게		서	로		사	랑
할	지	니		사	랑	은		허	다	한		죄	를		덮
느	니	라													
베	드	로	전	서		4	장		8	절					

무엇보다도 뜨겁게 서로 사랑할지니
사랑은 허다한 죄를 덮느니라
베드로전서 4장 8절

무엇보다도 뜨겁게 서로 ______ 할지니
사랑은 ______ 죄를 ______
베드로전서 4장 8절

퀴즈 풀고^쓱쓱^ 말씀 먹고^쓱쓱^

빈칸에 알맞은 단어를 아래의 상자에서 골라 쓰세요.

온유　　교만　　속하다　　시기　　허다한

① 죄를 씻기 위하여 대신 바치다

② 잘난 체하며 뽐내고 건방짐

③ 수효가 매우 많다

④ 성격, 태도 따위가 온화하고 부드러움

⑤ 남이 잘되는 것을 샘하여 미워함

퀴즈 풀고 쏙쏙 말씀 먹고 쑥쑥

줄을 그어 말씀을 완성하세요.

사랑은 오래 참고
사랑은 온유하며
시기하지 아니하며

그는 우리를 위하여
자신을 버리사 향기로운
제물과 희생제물로
하나님께 드리셨느니라
에베소서 5장 2절

자녀들아 우리가
말과 혀로만 사랑하지
말고

사랑은 자랑하지
아니하며 교만하지
아니하며
고린도전서 13장 4절

무엇보다도 뜨겁게
서로 사랑할지니

행함과 진실함으로 하자
요한일서 3장 18절

그리스도께서 너희를
사랑하신 것 같이
너희도 사랑 가운데서
행하라

하나님이 우리를 사랑하사
우리 죄를 속하기 위하여
화목제물로 그 아들을
보내셨음이라
요한일서 4장 10절

사랑은 여기 있으니
우리가 하나님을
사랑한 것이 아니요

사랑은 허다한 죄를
덮느니라
베드로전서 4장 8절

말씀 믿음
쓱쓱 쑥쑥
성경필사

순종말씀 필사하기

에베소서 6장 1절
요한복음 14장 15절
사무엘상 15장 22절
로마서 13장 1절
로마서 5장 19절

순종 1

어휘 쑥쑥

- **순종**: 거역하지 않고 순순히 따름
- **옳다**: 틀리지 않고 맞다

자녀들아 주 안에서 너희 부모에게 순종하라
이것이 옳으니라
에베소서 6장 1절

자	녀	들	아		주		안	에	서		너	희		부
모	에	게		순	종	하	라		이	것	이		옳	으	니
라															
에	베	소	서		6	장		1	절						

자녀들아
주 안에서 너희 부모에게 순종하라
이것이 옳으니라
에베소서 6장 1절

자녀들아
주 ______ 너희 부모에게 ______하라
이것이 ______

에베소서 6장 1절

순종 2

어휘 쑥쑥

♥ **계명**: 종교에서 반드시 지켜야 할 조건

너희가 나를 사랑하면 나의 **계명**을 지키리라
요한복음 14장 15절

	너	희	가		나	를		사	랑	하	면		나	의	
계	명	을		지	키	리	라								
요	한	복	음		14	장		15	절						

너희가 나를 사랑하면
나의 계명을 지키리라
요한복음 14장 15절

너희가 나를 ___하면
나의 ___을 지키리라

요한복음 14장 15절

순종 3

어휘 쑥쑥

- **순종**: 거역하지 않고 순순히 따름
- **제사**: 신이나 죽은 사람의 영혼에게 음식을 바쳐 정성을 나타냄. 또는 그런 의식
- **숫양**: 양의 수컷

순종이 제사보다 낫고
듣는 것이 숫양의 기름보다 나으니
사무엘상 15장 22절

	순	종	이		제	사	보	다		낫	고		듣	는	
것	이		숫	양	의		기	름	보	다		나	으	니	
사	무	엘	상		15	장		22	절						

순종이 제사보다 낫고
듣는 것이 숫양의 기름보다 나으니
사무엘상 15장 22절

이 제사보다 낫고
것이 숫양의 기름보다 나으니
사무엘상 15장 22절

순종 4

어휘 쑥쑥

- **권세**: 아주 큰 권력
- **복종**: 다른 사람의 명령이나 의견에 그대로 따름

각 사람은 위에 있는 **권세**들에게 **복종**하라
권세는 하나님으로부터 나지 않음이 없나니
로마서 13장 1절

	각		사	람	은		위	에		있	는		권	세	들
에	게		복	종	하	라		권	세	는		하	나	님	으
로	부	터		나	지		않	음	이		없	나	니		
로	마	서		13	장		1	절							

각 사람은 위에 있는 권세들에게 복종하라
권세는 하나님으로부터 나지 않음이 없나니
로마서 13장 1절

각 사람은 위에 있는 ______ 들에게 ______ 하라
권세는 ______ 으로부터 나지 않음이 없나니

로마서 13장 1절

순종 5

어휘 쑥쑥

- **순종**: 거역하지 않고 순순히 따름
- **죄인**: 죄를 지은 사람
- **의인**: 정의로운 사람

한 사람이 순종하지 아니함으로 많은 사람이 죄인 된 것 같이
한 사람이 순종하심으로 많은 사람이 의인이 되리라
로마서 5장 19절

	한		사	람	이		순	종	하	지		아	니	함	으
로		많	은		사	람	이		죄	인		된		것	
같	이		한		사	람	이		순	종	하	심	으	로	
많	은		사	람	이		의	인	이		되	리	라		
로	마	서		5	장		19	절							

한 사람이 순종하지 아니함으로
많은 사람이 죄인 된 것 같이
한 사람이 순종하심으로 많은 사람이 의인이 되리라
로마서 5장 19절

한 사람이 ____하지 아니함으로
많은 사람이 ____ 된 것 같이
한 사람이 순종하심으로 많은 사람이 ____이 되리라

로마서 5장 19절

퀴즈 풀고 쑥쑥 말씀 먹고 쑥쑥

빈칸에 알맞은 단어를 아래의 상자에서 골라 쓰세요.

권세　　계명　　옳다　　순종　　의인

① 거역하지 않고 순순히 따름

② 틀리지 않고 맞다

③ 정의로운 사람

④ 아주 큰 권력

⑤ 종교에서 반드시 지켜야 할 조건

퀴즈 풀고 쓱쓱 말씀 먹고 쑥쑥

구름을 연결하여 말씀을 완성하세요.

1\. 시작

자녀들아

3\. 시작

순종이 제사보다 낫고

2\. 시작

너희가 나를

주 안에서

너희 부모에게

듣는 것이

사랑하면

순종하라

숫양의 기름보다 나으니

나의 계명을

지키리라

이것이 옳으니라

순종이 제사보다 낫고
듣는 것이 숫양의
기름보다 나으니

사무엘상 15장 22절

너희가 나를
사랑하면 나의
계명을 지키리라

요한복음14장 15절

자녀들아 주 안에서 너희
부모에게 순종하라
이것이 옳으니라

에베소서 6장 1절

말씀 믿음
쓱쓱쑥쑥
성경필사

용기말씀 필사하기

여호수아 1장 9절

시편 27편 1절

이사야 40장 31절

시편 23편 4절

디모데후서 1장 7절

용기 1

어휘 쑥쑥

- **명령**: 윗사람이 아랫사람에게 무엇을 시킴
- **담대하다**: 겁이 없고 배짱이 좋다

내가 네게 명령한 것이 아니냐 강하고 담대하라
두려워하지 말며 놀라지 말라 네가 어디로 가든지
네 하나님 여호와가 너와 함께 하느니라 하시니라
여호수아 1장 9절

	내	가		네	게		명	령	한		것	이		아	니
냐		강	하	고		담	대	하	라		두	려	워	하	지
말	며		놀	라	지		말	라		네	가		어	디	로
가	든	지		네		하	나	님		여	호	와	가		너
와		함	께		하	느	니	라		하	시	니	라		
여	호	수	아		1	장		9	절						

내가 네게 명령한 것이 아니냐 강하고 담대하라
두려워하지 말며 놀라지 말라 네가 어디로 가든지
네 하나님 여호와가 너와 함께 하느니라 하시니라
여호수아 1장 9절

내가 네게 ____한 것이 아니냐 강하고 ____하라
____하지 말며 ____ 말라 네가 어디로 가든지
네 하나님 여호와가 너와 함께 하느니라 하시니라

여호수아 1장 9절

용기 2

어휘 쑥쑥

- **구원**: 어려움이나 위험에 빠진 사람을 구해 줌 / 인간을 죄악과 죽음에서 구하는 일
- **능력**: 어떤 일을 할 수 있는 힘

여호와는 나의 빛이요 나의 구원이시니 내가 누구를 두려워하리요
여호와는 내 생명의 능력이시니 내가 누구를 무서워하리요
시편 27편 1절

	여	호	와	는		나	의		빛	이	요		나	의	
구	원	이	시	니		내	가		누	구	를		두	려	워
하	리	요		여	호	와	는		내		생	명	의		능
력	이	시	니		내	가		누	구	를		무	서	워	하
리	요														
시	편		27	편		1	절								

여호와는 나의 빛이요 나의 구원이시니
내가 누구를 두려워하리요
여호와는 내 생명의 능력이시니 내가 누구를 무서워하리요
시편 27편 1절

여호와는 나의 ______이요 나의 ______이시니
내가 누구를 ______하리요
여호와는 내 생명의 능력이시니 내가 누구를 ______하리요

시편 27편 1절

용기 3

어휘 쑥쑥

- **앙망**: 존경하는 마음으로 우러러봄
- **곤비하다**: 아무것도 할 기력이 없을 만큼 지쳐 몹시 고단하다

오직 여호와를 앙망하는 자는 새 힘을 얻으리니
독수리가 날개치며 올라감 같을 것이요
달음박질하여도 곤비하지 아니하겠고
걸어가도 피곤하지 아니하리로다 이사야 40장 31절

	오	직		여	호	와	를		앙	망	하	는		자	는
새		힘	을		얻	으	리	니		독	수	리	가		날
개	치	며		올	라	감		같	을		것	이	요		달
음	박	질	하	여	도		곤	비	하	지		아	니	하	겠
고		걸	어	가	도		피	곤	하	지		아	니	하	리
로	다		이	사	야		40	장		31	절				

오직 여호와를 앙망하는 자는 새 힘을 얻으리니
독수리가 날개치며 올라감 같을 것이요 달음박질하여도
곤비하지 아니하겠고 걸어가도 피곤하지 아니하리로다
이사야 40장 31절

오직 여호와를 ______하는 자는 새 힘을 얻으리니
독수리가 날개치며 올라감 같을 것이요 달음박질하여도
______하지 아니하겠고 걸어가도 ______하지 아니하리로다

이사야 40장 31절

용기 4

어휘 쑥쑥

- **사망**: 사람이 죽음
- **음침**: 분위기가 스산하고 어둡다 / 날씨가 흐리고 컴컴하다 / 성격이 밝지 못하고 음흉한 데가 있다
- **골짜기**: 두 산이나 언덕 사이에 깊숙하게 들어간 곳
- **해**: 사람이나 사물에 끼치는 나쁜 영향

내가 사망의 음침한 골짜기로 다닐지라도
해를 두려워하지 않을 것은 주께서 나와 함께 하심이라
주의 지팡이와 막대기가 나를 안위하시나이다
시편 23편 4절

	내	가		사	망	의		음	침	한		골	짜	기	로
다	닐	지	라	도		해	를		두	려	워	하	지		않
을		것	은		주	께	서		나	와		함	께		하
심	이	라		주	의		지	팡	이	와		막	대	기	가
나	를		안	위	하	시	나	이	다						
시	편		23	편		4	절								

내가 사망의 음침한 골짜기로 다닐지라도
해를 두려워하지 않을 것은 주께서 나와 함께 하심이라
주의 지팡이와 막대기가 나를 안위하시나이다
시편 23편 4절

내가 ____의 음침한 골짜기로 다닐지라도 ____를 두려워하지
않을 것은 주께서 나와 함께 하심이라
주의 지팡이와 막대기가 나를 ____하시나이다

시편 23편 4절

용기 5

어휘 쑥쑥

- **능력**: 어떤 일을 할 수 있는 힘
- **절제**: 정도에 넘지 않도록 알맞게 조절하여 제한함

하나님이 우리에게 주신 것은 두려워하는 마음이 아니요
오직 능력과 사랑과 절제하는 마음이니
디모데후서 1장 7절

하나님이 우리에게 주신 것은 두려워하는 마음이 아니요 오직 능력과 사랑과 절제하는 마음이니
디모데후서 1장 7절

하나님이 우리에게 주신 것은 두려워하는 마음이 아니요
오직 능력과 사랑과 절제하는 마음이니
디모데후서 1장 7절

하나님이 우리에게 주신 것은 ______하는 마음이 아니요
오직 ______과 ______과 ______하는 마음이니

디모데후서 1장 7절

퀴즈 풀고 쏙쏙 말씀 먹고 쏙쏙

빈칸에 알맞은 단어를 아래의 상자에서 골라 쓰세요.

앙망 담대하다 절제 해 골짜기

① 겁이 없고 배짱이 좋다

② 사람이나 사물에 끼치는 나쁜 영향

③ 존경하는 마음으로 우러러봄

④ 정도에 넘지 않도록 알맞게 조절하여 제한함

⑤ 두 산이나 언덕 사이에 깊숙하게 들어간 곳

퀴즈 풀고 쓱쓱 말씀 먹고 쑥쑥

나무판을 연결하여 말씀을 완성하세요.

여호와는 나의 빛이요 나의 구원이시니	하나님이 우리에게 주신 것은	내가 사망의 음침한 골짜기로 다닐지라도
해를 두려워하지 않을 것은	두려워하는 마음이 아니요	내가 누구를 두려워하리요
오직 능력과 사랑과	여호와는 내 생명의 능력이시니	주께서 나와 함께 하심이라
주의 지팡이와 막대기가 나를 안위하시나이다	절제하는 마음이니	내가 누구를 무서워하리요

여호와는 나의 빛이요
나의 구원이시니
내가 누구를 두려워하리요
여호와는 내 생명의 능력이시니
내가 누구를 무서워하리요

시편 27편 1절

내가 사망의
음침한 골짜기로 다닐지라도
해를 두려워하지 않을 것은
주께서 나와 함께 하심이라
주의 지팡이와 막대기가
나를 안위하시나이다

시편 23편 4절

하나님이 우리에게 주신 것은
두려워하는 마음이 아니요
오직 능력과 사랑과
절제하는 마음이니

디모데후서 1장 7절

말씀 믿음
쑥쑥 쑥쑥
성경필사

친절말씀 필사하기

에베소서 4장 32절
갈라디아서 6장 9절
로마서 12장 10절
잠언 15장 1절
잠언 12장 25절

친절 1

어휘 쑥쑥

- **친절**: 사람을 대하는 태도가 상냥하고 부드러움
- **용서**: 잘못이나 죄에 대해 꾸중을 하거나 벌을 주지 않고 너그럽게 덮어 줌

서로 친절하게 하며 불쌍히 여기며
서로 용서하기를 하나님이 그리스도 안에서
너희를 용서하심과 같이 하라
에베소서 4장 32절

	서	로		친	절	하	게		하	며		불	쌍	히	
여	기	며		서	로		용	서	하	기	를		하	나	님
이		그	리	스	도		안	에	서		너	희	를		용
서	하	심	과		같	이		하	라						
에	베	소	서		4	장		32	절						

서로 친절하게 하며 불쌍히 여기며
서로 용서하기를 하나님이 그리스도 안에서
너희를 용서하심과 같이 하라
에베소서 4장 32절

서로 ____하게 하며 ____ 여기며
서로 ____하기를 하나님이 그리스도 안에서
너희를 용서하심과 같이 하라

에베소서 4장 32절

친절 2

어휘 쑥쑥

- **선**: 착하고 올바름
- **낙심**: 바라던 일이 이루어지지 않아 마음이 상함
- **이르매(이르다)**: 어떤 때나 시기가 되다

우리가 선을 행하되 낙심하지 말지니
포기하지 아니하면 때가 이르매 거두리라
갈라디아서 6장 9절

	우	리	가		선	을		행	하	되		낙	심	하	지
말	지	니		포	기	하	지		아	니	하	면		때	가
이	르	매		거	두	리	라								
갈	라	디	아	서		6	장		9	절					

우리가 선을 행하되 낙심하지 말지니
포기하지 아니하면 때가 이르매 거두리라
갈라디아서 6장 9절

우리가 ____을 행하되 ____하지 말지니
____하지 아니하면 때가 이르매 거두리라

갈라디아서 6장 9절

친절 3

어휘 쑥쑥

- **우애**: 형제 또는 친구 사이의 정과 사랑
- **존경**: 어떤 사람의 훌륭한 인격이나 행위를 높이고 받듦

형제를 사랑하여 서로 우애하고
존경하기를 서로 먼저 하며
로마서 12장 10절

	형	제	를		사	랑	하	여		서	로		우	애	하
고		존	경	하	기	를		서	로		먼	저		하	며
로	마	서		12	장		10	절							

형제를 사랑하여 서로 우애하고
존경하기를 서로 먼저 하며
로마서 12장 10절

형제를 ______하여 서로 ______하고
존경하기를 서로 ______ 하며

로마서 12장 10절

친절 4

어휘 쑥쑥

- **유순하다**: 성격이나 태도 등이 부드럽고 순하다
- **분노**: 몹시 화를 냄
- **과격**: 지나칠 정도로 세차고 사나움
- **격동**: (정세, 감정따위가) 급격하게 움직임

유순한 대답은 분노를 쉬게 하여도
과격한 말은 노를 격동하느니라
잠언 15장 1절

유순한 대답은 분노를 쉬게 하여도
과격한 말은 노를 격동하느니라
잠언 15장 1절

유순한 대답은 분노를 쉬게 하여도
과격한 말은 노를 격동하느니라
잠언 15장 1절

____한 대답은 ____를 쉬게 하여도
____한 말은 ____를 격동하느니라

잠언 15장 1절

친절 5

어휘 쑥쑥

- **근심**: 좋지 않은 일이 생길지도 모른다는 두렵고 불안한 마음
- **번뇌**: 마음이 시달려서 괴로워함. 또는 그런 괴로움

근심이 사람의 마음에 있으면 그것으로 번뇌하게 되나
선한 말은 그것을 즐겁게 하나니라
잠언 12장 25절

	근	심	이		사	람	의		마	음	에		있	으	면
그	것	으	로		번	뇌	하	게		되	나		선	한	
말	은		그	것	을		즐	겁	게		하	느	니	라	
잠	언		12	장		25	절								

근심이 사람의 마음에 있으면
그것으로 번뇌하게 되나
선한 말은 그것을 즐겁게 하나니라
잠언 12장 25절

근심이 사람의 ____에 있으면
그것으로 ____하게 되나
____ 말은 그것을 즐겁게 하나니라
잠언 12장 25절

퀴즈 풀고 쓱쓱 말씀 먹고 쑥쑥

빈칸에 알맞은 단어를 아래의 상자에서 골라 쓰세요.

낙심　　선　　우애　　과격　　친절

① 지나칠 정도로 세차고 사나움

② 형제 또는 친구 사이의 정과 사랑

③ 사람을 대하는 태도가 상냥하고 부드러움

④ 착하고 올바름

⑤ 바라던 일이 이루어지지 않아 마음이 상함

쿼즈 풀고 쓱쓱 말씀 먹고 쓱쓱

물방울과 컵을 연결하여 말씀을 완성하세요.

유순한 대답은 분노를 쉬게 하여도

근심이 사람의 마음에 있으면 그것으로 번뇌하게 되나

형제를 사랑하여 서로 우애하고

서로 친절하게 하며 불쌍히 여기며 서로 용서하기를

우리가 선을 행하되 낙심하지 말지니

존경하기를 서로 먼저 하며

로마서 12장 10절

과격한 말은 노를 격동하느니라

잠언 15장 1절

선한 말은 그것을 즐겁게 하느니라

잠언 12장 25절

하나님이 그리스도 안에서 너희를 용서하심과 같이 하라

에베소서 4장 32절

포기하지 아니하면 때가 이르매 거두리라

갈라디아서 6장 9절

말씀 쓱쓱 믿음 쑥쑥 성경필사

지혜말씀 필사하기

잠언 9장 10절

잠언 16장 16절

잠언 3장 5~6절

잠언 19장 20절

야고보서 1장 5절

지혜 1

어휘 쑥쑥

- **근본**: 어떤 것의 본질이나 바탕
- **명철하다**: 영리하고 사리에 밝다

여호와를 경외하는 것이 지혜의 근본이요
거룩하신 자를 아는 것이 명철이니라
잠언 9장 10절

	여	호	와	를		경	외	하	는		것	이		지	혜
의		근	본	이	요		거	룩	하	신		자	를		아
는		것	이		명	철	이	니	라						
잠	언		9	장		10	절								

여호와를 경외하는 것이 지혜의 근본이요
거룩하신 자를 아는 것이 명철이니라
잠언 9장 10절

여호와를 ____하는 것이 지혜의 ____이요
거룩하신 자를 아는 것이 ____이니라

잠언 9장 10절

지혜 2

어휘 쑥쑥

- **지혜**: 삶의 이치와 옳고 그름을 잘 이해하고 판단하는 능력
- **명철하다**: 영리하고 사리에 밝다

지혜를 얻는 것이 금을 얻는 것보다 얼마나 나은고
명철을 얻는 것이 은을 얻는 것보다 더욱 나으니라
잠언 16장 16절

	지	혜	를		얻	는		것	이		금	을		얻	는
것	보	다		얼	마	나		나	은	고		명	철	을	
얻	는		것	이		은	을		얻	는		것	보	다	
더	욱		나	으	니	라									
잠	언		16	장		16	절								

지혜를 얻는 것이 금을 얻는 것보다 얼마나 나은고
명철을 얻는 것이 은을 얻는 것보다 더욱 나으니라
잠언 16장 16절

____를 얻는 것이 금을 얻는 것보다 얼마나 나은고
____을 얻는 것이 은을 얻는 것보다 더욱 나으니라

잠언 16장 16절

지혜 3

어휘 쑥쑥

- **신뢰**: 굳게 믿고 의지함
- **명철하다**: 영리하고 사리에 밝다
- **범사**: 모든 일

너는 마음을 다하여 여호와를 신뢰하고
네 명철을 의지하지 말라
너는 범사에 그를 인정하라 그리하면 네 길을 지도하시리라
잠언 3장 5~6절

	너	는		마	음	을		다	하	여		여	호	와	를
신	뢰	하	고		네		명	철	을		의	지	하	지	
말	라		너	는		범	사	에		그	를		인	정	하
라		그	리	하	면		네		길	을		지	도	하	시
리	라														
잠	언		3	장		5	~	6	절						

너는 마음을 다하여 여호와를 신뢰하고
네 명철을 의지하지 말라
너는 범사에 그를 인정하라 그리하면 네 길을 지도하시리라
잠언 3장 5~6절

너는 마음을 다하여 여호와를 ____하고
네 명철을 ____하지 말라
너는 ____에 그를 인정하라 그리하면 네 __을 지도하시리라

잠언 3장 5~6절

지혜 4

어휘 쑥쑥

- **권고**: 어떤 일을 하도록 동의를 구하며 충고함
- **훈계**: 타일러서 앞으로 잘못이 없도록 주의를 줌
- **필경**: 마지막에 가서는

너는 권고를 들으며 훈계를 받으라
그리하면 네가 필경은 지혜롭게 되리라
잠언 19장 20절

	너	는		권	고	를		들	으	며		훈	계	를	
받	으	라		그	리	하	면		네	가		필	경	은	
지	혜	롭	게		되	리	라								
잠	언		19	장		20	절								

너는 권고를 들으며 훈계를 받으라

그리하면 네가 필경은 지혜롭게 되리라

잠언 19장 20절

너는 ____를 들으며 ____를 받으라
그리하면 네가 ____은 지혜롭게 되리라

잠언 19장 20절

지혜 5

어휘 쑥쑥

♥ **후히(후하다)**: 마음 씀씀이나 태도가 너그럽다

너희 중에 누구든지 지혜가 부족하거든 모든 사람에게
후히 주시고 꾸짖지 아니하시는 하나님께 구하라 그리하면 주시리라
야고보서 1장 5절

	너	희		중	에		누	구	든	지		지	혜	가	
부	족	하	거	든		모	든		사	람	에	게		후	히
주	시	고		꾸	짖	지		아	니	하	시	는		하	나
님	께		구	하	라		그	리	하	면		주	시	리	라
야	고	보	서		1	장		5	절						

너희 중에 누구든지 지혜가 부족하거든
모든 사람에게 후히 주시고 꾸짖지 아니하시는
하나님께 구하라 그리하면 주시리라
야고보서 1장 5절

너희 중에 누구든지 ______가 부족하거든
모든 사람에게 후히 주시고 ______ 아니하시는
하나님께 ______ 그리하면 주시리라

야고보서 1장 5절

퀴즈 풀고 쑥쑥 말씀 먹고 쑥쑥

빈칸에 알맞은 단어를 아래의 상자에서 골라 쓰세요.

범사　　근본　　지혜　　후히(후하다)　　권고

① 마음 씀씀이나 태도가 너그럽다

② 모든 일

③ 어떤 일을 하도록 동의를 구하며 충고함

④ 어떤 것의 본질이나 바탕

⑤ 삶의 이치와 옳고 그름을 잘 이해하고 판단하는 능력

퀴즈 풀고 쓱쓱 말씀 먹고 쑥쑥

과일과 상자를 연결하여 말씀을 완성하세요.

여호와를
경외하는 것이
지혜의 근본이요

너는 마음을 다하여
여호와를 신뢰하고
네 명철을 의지하지 말라

너는 권고를
들으며
훈계를 받으라

너희 중에 누구든지
지혜가 부족하거든
모든 사람에게
후히 주시고

그리하면 네가 필경은
지혜롭게 되리라
잠언 19장 20절

꾸짖지 아니하시는
하나님께 구하라
그리하면 주시리라
야고보서 1장 5절

거룩하신 자를
아는 것이 명철이니라
잠언 9장 10절

너는 범사에
그를 인정하라
그리하면 네 길을
지도하시리라
잠언 3장 5~6절

말씀 믿음

쓱쓱 쑥쑥

성경필사

인내말씀 필사하기

로마서 12장 12~13절

골로새서 1장 11절

로마서 5장 3~4절

시편 37편 7절

야고보서 5장 7절

인내 1

어휘 쑥쑥

- **환난**: 매우 걱정되고 고통스러운 일
- **손**: 다른 곳에서 찾아온 사람

소망 중에 즐거워하며 **환난** 중에 참으며 기도에 항상 힘쓰며
성도들의 쓸 것을 공급하며 **손** 대접하기를 힘쓰라
로마서 12장 12~13절

소망 중에 즐거워하며 환난
중에 참으며 기도에 항상 힘쓰
며 성도들의 쓸 것을 공급하며
손 대접하기를 힘쓰라
로마서 12장 12~13절

소망 중에 즐거워하며 환난 중에 참으며
기도에 항상 힘쓰며 성도들의 쓸 것을 공급하며
손 대접하기를 힘쓰라
로마서 12장 12~13절

____ 중에 즐거워하며 ____ 중에 참으며
____에 항상 힘쓰며 성도들의 쓸 것을 공급하며
손 대접하기를 힘쓰라

로마서 12장 12~13절

인내 2

어휘 쑥쑥

- **견딤**: 힘들거나 어려운 것을 참고 버티어 살아 나감
- **참음**: 충동, 감정 따위를 억누르고 다스림

그의 영광의 힘을 따라 모든 능력으로 능하게 하시며
기쁨으로 모든 **견딤**과 오래 **참음**에 이르게 하시고
골로새서 1장 11절

	그	의		영	광	의		힘	을		따	라		모	든
능	력	으	로		능	하	게		하	시	며		기	쁨	으
로		모	든		견	딤	과		오	래		참	음	에	
이	르	게		하	시	고									
골	로	새	서		1	장		11	절						

그의 영광의 힘을 따라
모든 능력으로 능하게 하시며
기쁨으로 모든 견딤과 오래 참음에 이르게 하시고
골로새서 1장 11절

그의 영광의 ____을 따라
모든 능력으로 능하게 하시며
기쁨으로 모든 ____과 오래 ____에 이르게 하시고
골로새서 1장 11절

인내 3

어휘 쑥쑥

- **환난**: 매우 걱정되고 고통스러운 일
- **인내**: 괴로움이나 어려움을 참고 견딤
- **연단**: 쇠붙이를 불에 달군 후 두드려서 단단하게 함/ 몸과 마음을 굳세게 함

다만 이뿐 아니라 우리가 **환난** 중에도 즐거워하나니
이는 환난은 **인내**를, 인내는 **연단**을,
연단은 소망을 이루는 줄 앎이로다
로마서 5장 3~4절

	다	만		이	뿐		아	니	라		우	리	가		환
난		중	에	도		즐	거	워	하	나	니		이	는	
환	난	은		인	내	를	,	인	내	는		연	단	을	,
연	단	은		소	망	을		이	루	는		줄		앎	이
로	다														
로	마	서		5	장		3	~	4	절					

다만 이뿐 아니라 우리가 환난 중에도 즐거워하나니
이는 환난은 인내를, 인내는 연단을,
연단은 소망을 이루는 줄 앎이로다
로마서 5장 3~4절

다만 이뿐 아니라 우리가 ______ 중에도 즐거워하나니
이는 환난은 ______를, 인내는 ______을,
연단은 ______을 이루는 줄 앎이로다

로마서 5장 3~4절

인내 4

어휘 쑥쑥

- **잠잠하다**: 분위기나 활동 등이 시끄럽지 않고 조용하다 / 말없이 가만히 있다
- **형통**: 모든 일이 원하는 대로 잘되어 감
- **꾀**: 일을 꾸미거나 해결하기 위한 교묘한 생각이나 방법

여호와 앞에 잠잠하고 참고 기다리라 자기 길이 형통하며
악한 꾀를 이루는 자 때문에 불평하지 말지어다
시편 37편 7절

	여	호	와		앞	에		잠	잠	하	고		참	고	
기	다	리	라		자	기		길	이		형	통	하	며	
악	한		꾀	를		이	루	는		자		때	문	에	
불	평	하	지		말	지	어	다							
시	편		37	편		7	절								

여호와 앞에 잠잠하고 참고 기다리라
자기 길이 형통하며 악한 꾀를 이루는 자 때문에
불평하지 말지어다
시편 37편 7절

여호와 앞에 ____하고 참고 기다리라
자기 길이 형통하며 악한 ____를 이루는 자 때문에
____하지 말지어다

시편 37편 7절

인내 5

어휘 쑥쑥

- **강림**: 신이 하늘에서 인간 세상으로 내려옴
- **길이**: 오랫동안 계속해서 내내
- **이른**: 기준이 되는 때보다 앞서거나 빠른

그러므로 형제들아 주께서 강림하시기까지 길이 참으라
보라 농부가 땅에서 나는 귀한 열매를 바라고 길이 참아
이른 비와 늦은 비를 기다리나니

야고보서 5장 7절

	그	러	므	로		형	제	들	아		주	께	서		강
림	하	시	기	까	지		길	이		참	으	라		보	라
농	부	가		땅	에	서		나	는		귀	한		열	매
를		바	라	고		길	이		참	아		이	른		비
와		늦	은		비	를		기	다	리	나	니			
야	고	보	서		5	장		7	절						

그러므로 형제들아 주께서 강림하시기까지 길이 참으라
보라 농부가 땅에서 나는 귀한 열매를 바라고 길이 참아
이른 비와 늦은 비를 기다리나니
야고보서 5장 7절

그러므로 형제들아 주께서 강림하시기까지 길이 ______
보라 농부가 땅에서 나는 귀한 열매를 바라고 길이 ______
______와 ______를 기다리나니

야고보서 5장 7절

퀴즈 풀고 쏙쏙 말씀 먹고 쑥쑥

빈칸에 알맞은 단어를 아래의 상자에서 골라 쓰세요.

인내 환난 연단 형통 잠잠하다

① 모든 일이 원하는 대로 잘되어 감

② 괴로움이나 어려움을 참고 견딤

③ 매우 걱정되고 고통스러운 일

④ 쇠붙이를 불에 달군 후 두드려서 단단하게 함/ 몸과 마음을 굳세게 함

⑤ 분위기나 활동 등이 시끄럽지 않고 조용하다 / 말없이 가만히 있다

퀴즈 풀고 쏙쏙 말씀 먹고 쏙쏙

씨앗과 화분을 연결하여 말씀을 완성하세요.

그러므로 형제들아 주께서 강림하시기까지 길이 참으라

그의 영광의 힘을 따라 모든 능력으로 능하게 하시며

다만 이뿐 아니라 우리가 환난 중에도 즐거워하나니 이는 환난은 인내를,

소망 중에 즐거워하며 환난 중에 참으며 기도에 항상 힘쓰며

여호와 앞에 잠잠하고 참고 기다리라

인내는 연단을, 연단은 소망을 이루는 줄 앎이로다
로마서 5장 3~4절

자기 길이 형통하며 악한 꾀를 이루는 자 때문에 불평하지 말지어다
시편 37편 7절

기쁨으로 모든 견딤과 오래 참음에 이르게 하시고
골로새서 1장 11절

보라 농부가 땅에서 나는 귀한 열매를 바라고 길이 참아 이른 비와 늦은 비를 기다리나니
야고보서 5장 7절

성도들의 쓸 것을 공급하며 손 대접하기를 힘쓰라
로마서 12장 12~13절

말씀 믿음
쓱쓱 쑥쑥
성경필사

믿음말씀 필사하기

히브리서 11장 1절

고린도후서 5장 7절

야고보서 2장 17절

로마서 10장 17절

요한복음 20장 29절

믿음 1

어휘 쑥쑥

- **믿음**: 1. 어떤 일이나 사람을 믿는 마음 2. 종교적인 신앙
- **실상**: 실제의 모양이나 상태
- **증거**: 어떤 사건이나 사실을 확인할 수 있는 근거

믿음은 바라는 것들의 실상이요
보이지 않는 것들의 증거니
히브리서 11장 1절

믿	음	은		바	라	는		것	들	의		실	상	이
요		보	이	지		않	는		것	들	의		증	거	니
히	브	리	서		11	장		1	절						

믿음은 바라는 것들의 실상이요
보이지 않는 것들의 증거니
히브리서 11장 1절

( )은 바라는 것들의 ( )이요
보이지 않는 것들의 ( )니
히브리서 11장 1절

믿음 2

어휘 쑥쑥

♥ **행하다**: 어떤 일을 실제로 하다

이는 우리가 믿음으로 **행하고**
보는 것으로 행하지 아니함이로라
고린도후서 5장 7절

	이	는		우	리	가		믿	음	으	로		행	하	고
보	는		것	으	로		행	하	지		아	니	함	이	로
라															
고	린	도	후	서		5	장		7	절					

이는 우리가 믿음으로 행하고
보는 것으로 행하지 아니함이로라
고린도후서 5장 7절

이는 우리가 ______ 으로 행하고
______ 으로 행하지 아니함이로라

고린도후서 5장 7절

믿음 3

어휘 쑥쑥

- **행함**: 어떤 일을 실제로 하는 것
- **자체**: 다른 것에 의한 것이 아닌 스스로에 의한 것

이와 같이 행함이 없는 믿음은
그 자체가 죽은 것이라
야고보서 2장 17절

	이	와		같	이		행	함	이		없	는		믿	음
은		그		자	체	가		죽	은		것	이	라		
야	고	보	서		2	장		17	절						

이와 같이 행함이 없는 믿음은

그 자체가 죽은 것이라

야고보서 2장 17절

이와 같이 ____이 없는 믿음은
그 자체가 ____이라

야고보서 2장 17절

믿음 4

어휘 쑥쑥

♥ **말미암다**: 어떤 사물이나 현상 등이 원인이나 이유가 되다

그러므로 믿음은 들음에서 나며
들음은 그리스도의 말씀으로 말미암았느니라
로마서 10장 17절

	그	러	므	로		믿	음	은		들	음	에	서		나
며		들	음	은		그	리	스	도	의		말	씀	으	로
말	미	암	았	느	니	라									
로	마	서		10	장		17	절							

그러므로 믿음은 들음에서 나며
들음은 그리스도의 말씀으로 말미암았느니라
로마서 10장 17절

그러므로 믿음은 ____에서 나며
들음은 그리스도의 ____으로 말미암았느니라
로마서 10장 17절

믿음 5

어휘 쑥쑥

♥ **고로**: 까닭에 / 그렇기 때문에

예수께서 이르시되 너는 나를 본 **고로** 믿느냐
보지 못하고 믿는 자들은 복되도다 하시니라
요한복음 20장 29절

	예	수	께	서		이	르	시	되		너	는		나	를
본		고	로		믿	느	냐		보	지		못	하	고	
믿	는		자	들	은		복	되	도	다		하	시	니	라
요	한	복	음		20	장		29	절						

예수께서 이르시되 너는 나를 본 고로 믿느냐
보지 못하고 믿는 자들은 복되도다 하시니라
요한복음 20장 29절

예수께서 이르시되 너는 나를 ______ 믿느냐
보지 못하고 ______은 복되도다 하시니라

요한복음 20장 29절

퀴즈 풀고 쓱쓱 말씀 먹고 쓱쓱

빈칸에 알맞은 단어를 아래의 상자에서 골라 쓰세요.

믿음 실상 행함 고로 증거

① 실제의 모양이나 상태

② 어떤 사건이나 사실을 확인할 수 있는 근거

③ 1. 어떤 일이나 사람을 믿는 마음 2. 종교적인 신앙

④ 어떤 일을 실제로 하는 것

⑤ 까닭에 / 그렇기 때문에

퀴즈 풀고 쓱쓱 말씀 먹고 쑥쑥

순서대로 번호를 써서 말씀을 완성하세요.

이는 우리가 믿음으로

3 행하지 아니함이로라

1 행하고

2 보는 것으로

고린도후서 5장 7절

믿음은 바라는 것들의

☐ 보이지 않는 것들의

☐ 증거니

☐ 실상이요

히브리서 11장 1절

예수께서 이르시되

☐ 복되도다 하시니라

☐ 보지 못하고 믿는 자들은

☐ 너는 나를 본 고로 믿느냐

요한복음 20장 29절

이와 같이 행함이

☐ 죽은 것이라

☐ 없는 믿음은

☐ 그 자체가

야고보서 2장 17절

그러므로 믿음은

☐ 들음에서 나며

☐ 말씀으로 말미암았느니라

☐ 들음은 그리스도의

로마서 10장 17절

말씀 믿음

쓱쓱 쑥쑥

성경필사

기도말씀 필사하기

빌립보서 4장 6절

요한일서 5장 14절

시편 145편 18절

마태복음 7장 7절

야고보서 5장 16절

기도 1

어휘 쑥쑥

- **염려**: 앞으로 생길 일에 대해 불안해하고 걱정함 또는 그런 걱정
- **간구**: 바라고 구하다 / 기도하면서 간절히 바라다

아무 것도 염려하지 말고 다만 모든 일에 기도와 간구로,
너희 구할 것을 감사함으로 하나님께 아뢰라
빌립보서 4장 6절

	아	무		것	도		염	려	하	지		말	고		다
만		모	든		일	에		기	도	와		간	구	로	,
너	희		구	할		것	을		감	사	함	으	로		하
나	님	께		아	뢰	라									
빌	립	보	서		4	장		6	절						

아무 것도 염려하지 말고
다만 모든 일에 기도와 간구로,
너희 구할 것을 감사함으로 하나님께 아뢰라
빌립보서 4장 6절

아무 것도 ____하지 말고
다만 모든 일에 기도와 ____로,
너희 구할 것을 ____으로 하나님께 아뢰라
빌립보서 4장 6절

기도 2

어휘 쑥쑥

- **담대하다**: 겁이 없고 배짱이 좋다
- **구하다**: 필요한 것을 얻으려고 찾다. 또는 찾아서 얻다

그를 향하여 우리가 가진 바 **담대함**이 이것이니
그의 뜻대로 무엇을 **구하면** 들으심이라
요한일서 5장 14절

	그	를		향	하	여		우	리	가		가	진		바
담	대	함	이		이	것	이	니		그	의		뜻	대	로
무	엇	을		구	하	면		들	으	심	이	라			
요	한	일	서		5	장		14	절						

그를 향하여 우리가 가진 바 담대함이 이것이니
그의 뜻대로 무엇을 구하면 들으심이라
요한일서 5장 14절

그를 향하여 우리가 가진 바 ______이 이것이니
그의 ______ 무엇을 구하면 들으심이라

요한일서 5장 14절

기도 3

어휘 쑥쑥

♥ **간구**: 바라고 구하다 / 기도하면서 간절히 바라다

여호와께서는 자기에게 간구하는 모든 자
곧 진실하게 간구하는 모든 자에게 가까이 하시는도다
시편 145편 18절

	여	호	와	께	서	는		자	기	에	게		간	구	하
는		모	든		자		곧		진	실	하	게		간	구
하	는		모	든		자	에	게		가	까	이		하	시
는	도	다													
시	편		14	5	편		18	절							

여호와께서는 자기에게 간구하는 모든 자

곧 진실하게 간구하는 모든 자에게

가까이 하시는도다

시편 145편 18절

여호와께서는 자기에게 ____하는 모든 자
곧 ____하게 간구하는 모든 자에게
____ 하시는도다

시편 145편 18절

기도 4

어휘 쑥쑥

♥ **그리하면**: 그렇게 하면

구하라 그리하면 너희에게 주실 것이요
찾으라 그리하면 찾아낼 것이요
문을 두드리라 그리하면 너희에게 열릴 것이니
마태복음 7장 7절

	구	하	라		그	리	하	면		너	희	에	게		주
실		것	이	요		찾	으	라		그	리	하	면		찾
아	낼		것	이	요		문	을		두	드	리	라		그
리	하	면		너	희	에	게		열	릴		것	이	니	
마	태	복	음		7	장		7	절						

구하라 그리하면 너희에게 주실 것이요
찾으라 그리하면 찾아낼 것이요
문을 두드리라 그리하면 너희에게 열릴 것이니
마태복음 7장 7절

______ 그리하면 너희에게 주실 것이요
______ 그리하면 찾아낼 것이요
문을 ______ 그리하면 너희에게 열릴 것이니

마태복음 7장 7절

기도 5

어휘 쑥쑥

- **의인**: 정의로운 사람
- **간구**: 바라고 구하다 / 기도하면서 간절히 바라다
- **역사**: 하나님이 일하다

그러므로 너희 죄를 서로 고백하며 병이 낫기를 위하여 서로 기도하라
의인의 **간구**는 **역사**하는 힘이 큼이니라
야고보서 5장 16절

	그	러	므	로		너	희		죄	를		서	로		고
백	하	며		병	이		낫	기	를		위	하	여		서
로		기	도	하	라		의	인	의		간	구	는		역
사	하	는		힘	이		큼	이	니	라					
야	고	보	서		5	장		16	절						

그러므로 너희 죄를 서로 고백하며
병이 낫기를 위하여 서로 기도하라
의인의 간구는 역사하는 힘이 큼이니라
야고보서 5장 16절

그러므로 너희 죄를 서로 ____하며
병이 낫기를 위하여 서로 ____하라
____의 간구는 역사하는 힘이 큼이니라

야고보서 5장 16절

쑥쑥 퀴즈 풀고 쑥쑥 말씀 먹고

빈칸에 알맞은 단어를 아래의 상자에서 골라 쓰세요.

간구　　염려　　의인　　담대하다　　역사

① 겁이 없고 배짱이 좋다

② 바라고 구하다 / 기도하면서 간절히 바라다

③ 정의로운 사람

④ 앞으로 생길 일에 대해 불안해하고 걱정함 또는 그런 걱정

⑤ 하나님이 일하다

퀴즈 풀고 쓱쓱 말씀 먹고 쑥쑥

찢어진 종이를 맞춰서 말씀을 완성하세요.

그를 향하여 우리가 가진 바 담대함이 이것이니	곧 진실하게 간구하는 모든 자에게 가까이 하시는도다 시편 145편 18절
아무 것도 염려하지 말고 다만 모든 일에 기도와 간구로,	의인의 간구는 역사하는 힘이 큼이니라 야고보서 5장 16절
여호와께서는 자기에게 간구하는 모든 자	문을 두드리라 그리하면 너희에게 열릴 것이니 마태복음 7장 7절
구하라 그리하면 너희에게 주실 것이요 찾으라 그리하면 찾아낼 것이요	그의 뜻대로 무엇을 구하면 들으심이라 요한일서 5장 14절
그러므로 너희 죄를 서로 고백하며 병이 낫기를 위하여 서로 기도하라	너희 구할 것을 감사함으로 하나님께 아뢰라 빌립보서 4장 6절

말씀 믿음
쓱쓱 쑥쑥
성경 필사

소망말씀 필사하기

로마서 15장 13절

시편 71편 14절

로마서 12장 12절

시편 119편 114절

로마서 5장 5절

소망 1

어휘 쑥쑥

- **소망**: 어떤 일을 바람. 또는 바라는 그 일
- **평강**: 걱정이나 탈이 없음. 또는 무사히 잘 있음
- **충만**: 한껏 차서 가득함

소망의 하나님이 모든 기쁨과 평강을
믿음 안에서 너희에게 충만하게 하사
성령의 능력으로 소망이 넘치게 하시기를 원하노라
로마서 15장 13절

소망의 하나님이 모든 기쁨과
평강을 믿음 안에서 너희에게
충만하게 하사 성령의 능력으로
소망이 넘치게 하시기를 원하노
라
로마서 15장 13절

소망의 하나님이 모든 기쁨과 평강을
믿음 안에서 너희에게 충만하게 하사
성령의 능력으로 소망이 넘치게 하시기를 원하노라
로마서 15장 13절

소망의 하나님이 모든 ____과 평강을
믿음 안에서 너희에게 충만하게 하사
성령의 능력으로 ____이 넘치게 하시기를 원하노라
로마서 15장 13절

소망 2

어휘 쑥쑥

- **소망**: 어떤 일을 바람. 또는 바라는 그 일
- **품다**: 품속에 넣거나 가슴에 대어 안다 / 생각이나 느낌 등을 마음속에 가지다

나는 항상 **소망**을 **품고** 주를 더욱더욱 찬송하리이다

시편 71편 14절

	나	는		항	상		소	망	을		품	고		주	를
더	욱	더	욱		찬	송	하	리	이	다					
시	편		71	편		14	절								

나는 항상 소망을 품고

주를 더욱더욱 찬송하리이다

시편 71편 14절

나는 항상 ＿＿을 품고

주를 더욱더욱 ＿＿하리이다

시편 71편 14절

소망 3

어휘 쑥쑥

♥ **환난**: 매우 걱정되고 고통스러운 일

소망 중에 즐거워하며
환난 중에 참으며 기도에 항상 힘쓰며
로마서 12장 12절

	소	망		중	에		즐	거	워	하	며		환	난	
중	에		참	으	며		기	도	에		항	상		힘	쓰
며															
로	마	서		12	장		12	절							

소망 중에 즐거워하며

환난 중에 참으며

기도에 항상 힘쓰며

로마서 12장 12절

____ 중에 즐거워하며

____ 중에 참으며

____에 항상 힘쓰며

로마서 12장 12절

소망 4

어휘 쑥쑥

♥ **은신처**: 다른 사람이 모르도록 몸을 숨기는 곳

주는 나의 **은신처**요 방패시라
내가 주의 말씀을 바라나이다
시편 119편 114절

	주	는		나	의		은	신	처	요		방	패	시	라
내	가		주	의		말	씀	을		바	라	나	이	다	
시	편		11	9	편		11	4	절						

주는 나의 은신처요 방패시라
내가 주의 말씀을 바라나이다
시편 119편 114절

주는 나의 ______요 ______시라
내가 주의 말씀을 바라나이다
시편 119편 114절

소망 5

어휘 쑥쑥

♥ **아니함**: '않음'의 본말

소망이 우리를 부끄럽게 하지 **아니함**은
우리에게 주신 성령으로 말미암아
하나님의 사랑이 우리 마음에 부은 바 됨이니
로마서 5장 5절

	소	망	이		우	리	를		부	끄	럽	게		하	지
아	니	함	은		우	리	에	게		주	신		성	령	으
로		말	미	암	아		하	나	님	의		사	랑	이	
우	리		마	음	에		부	은		바		됨	이	니	
로	마	서		5	장		5	절							

소망이 우리를 부끄럽게 하지 아니함은
우리에게 주신 성령으로 말미암아
하나님의 사랑이 우리 마음에 부은 바 됨이니
로마서 5장 5절

소망이 우리를 ______ 하지 아니함은
우리에게 주신 성령으로 ______
______의 사랑이 우리 마음에 부은 바 됨이니

로마서 5장 5절

퀴즈 풀고 쏙쏙 말씀 먹고 쏙쏙

빈칸에 알맞은 단어를 아래의 상자에서 골라 쓰세요.

소망　　환난　　은신처　　평강　　충만

① 매우 걱정되고 고통스러운 일

② 걱정이나 탈이 없음. 또는 무사히 잘 있음

③ 어떤 일을 바람. 또는 바라는 그 일

④ 한껏 차서 가득함

⑤ 다른 사람이 모르도록 몸을 숨기는 곳

퀴즈 풀고 쑥쑥 말씀 먹고 쑥쑥

순서대로 번호를 써서 말씀을 완성하세요.

나는 항상

2 주를 더욱더욱

1 소망을 품고

3 찬송하리이다

시편 71편 14절

소망 중에

☐ 환난 중에 참으며

☐ 즐거워하며

☐ 기도에 항상 힘쓰며

로마서 12장 12절

주는 나의

☐ 내가 주의 말씀을 바라나이다

☐ 방패시라

☐ 은신처요

시편 119편 114절

소망의 하나님이

☐ 믿음 안에서
너희에게 충만하게 하사

☐ 성령의 능력으로 소망이
넘치게 하시기를 원하노라

☐ 모든 기쁨과 평강을

로마서 15장 13절

소망이 우리를

☐ 우리에게 주신
성령으로 말미암아

☐ 부끄럽게 하지 아니함은

☐ 하나님의 사랑이
우리 마음에 부은 바 됨이니

로마서 5장 5절

말씀 믿음
쓱쓱쑥쑥
성경필사

정직말씀 필사하기

잠언 12장 22절

잠언 11장 1절

에베소서 4장 25절

잠언 10장 9절

잠언 19장 1절

정직 1

어휘 쑥쑥

♥ **진실**: 거짓이 아닌 사실 / 순수하고 거짓이 없는 마음

거짓 입술은 여호와께 미움을 받아도
진실하게 행하는 자는 그의 기뻐하심을 받느니라
잠언 12장 22절

거짓 입술은 여호와께 미움을
받아도 진실하게 행하는 자는
그의 기뻐하심을 받느니라
잠언 12장 22절

거짓 입술은 여호와께 미움을 받아도
진실하게 행하는 자는 그의 기뻐하심을 받느니라
잠언 12장 22절

거짓 입술은 여호와께 ______을 받아도
진실하게 행하는 자는 그의 ______을 받느니라

잠언 12장 22절

정직 2

어휘 쑥쑥

- **공평**: 한쪽으로 치우치지 않고 모든 사람에게 고름
- **추**: 저울로 물건의 무게를 잴 때 쓰는 일정한 무게의 쇠

속이는 저울은 여호와께서 미워하시나
공평한 추는 그가 기뻐하시느니라
잠언 11장 1절

속이는 저울은 여호와께서 미워하시나 공평한 추는 그가 기뻐하시느니라
잠언 11장 1절

속이는 저울은 여호와께서 미워하시나
공평한 추는 그가 기뻐하시느니라
잠언 11장 1절

____ 저울은 여호와께서 미워하시나
공평한 추는 그가 기뻐하시느니라

잠언 11장 1절

정직 3

어휘 쑥쑥

- **더불어**: 함께, 서로, 같이
- **참된**: 거짓이나 꾸밈이 없이 진실하고 올바른
- **지체**: 팔다리와 몸을 통틀어 이르는 말

그런즉 거짓을 버리고
각각 그 이웃과 더불어 참된 것을 말하라
이는 우리가 서로 지체가 됨이라
에베소서 4장 25절

그런즉 거짓을 버리고 각각
그 이웃과 더불어 참된 것을
말하라 이는 우리가 서로 지체
가 됨이라
에베소서 4장 25절

그런즉 거짓을 버리고
각각 그 이웃과 더불어 참된 것을 말하라
이는 우리가 서로 지체가 됨이라
에베소서 4장 25절

그런즉 ____ 버리고
각각 그 이웃과 더불어 ____을 말하라
이는 우리가 서로 ____가 됨이라

에베소서 4장 25절

정직 4

어휘 쑥쑥

- **평안**: 걱정이나 탈이 없음. 또는 무사히 잘 있음
- **드러나다**: 가려져 있던 것이 보이게 되다

바른 길로 행하는 자는 걸음이 평안하려니와
굽은 길로 행하는 자는 드러나리라
잠언 10장 9절

바른 길로 행하는 자는 걸음
이 평안하려니와 굽은 길로 행
하는 자는 드러나리라
잠언 10장 9절

바른 길로 행하는 자는 걸음이 평안하려니와
굽은 길로 행하는 자는 드러나리라
잠언 10장 9절

바른 길로 행하는 자는 걸음이 ______ 하려니와
굽은 길로 행하는 자는 ______

잠언 10장 9절

정직 5

어휘 쑥쑥

- **패역**: 사람으로서 마땅히 하여야 할 도리에 어긋나고 순리를 거슬러 불순함
- **미련**: 매우 어리석고 둔함. 또는 그러한 태도나 행동

가난하여도 성실하게 행하는 자는
입술이 패역하고 미련한 자보다 나으니라
잠언 19장 1절

	가	난	하	여	도		성	실	하	게		행	하	는	
자	는		입	술	이		패	역	하	고		미	련	한	
자	보	다		나	으	니	라								
잠	언		19	장		1	절								

가난하여도 성실하게 행하는 자는
입술이 패역하고 미련한 자보다 나으니라
잠언 19장 1절

가난하여도 ____하게 행하는 자는
입술이 패역하고 ____ 자보다 나으니라

잠언 19장 1절

퀴즈 풀고^쓱쓱^ 말씀 먹고^쑥쑥^

빈칸에 알맞은 단어를 아래의 상자에서 골라 쓰세요.

진실　　드러나다　　미련　　공평　　더불어

① 가려져 있던 것이 보이게 되다

② 한쪽으로 치우치지 않고 모든 사람에게 고름

③ 함께, 서로, 같이

④ 거짓이 아닌 사실 / 순수하고 거짓이 없는 마음

⑤ 매우 어리석고 둔함. 또는 그러한 태도나 행동

퀴즈 풀고 쓱쓱 말씀 먹고 쑥쑥

나무를 연결하여 말씀을 완성하세요.

거짓 입술은
여호와께
미움을 받아도

가난하여도
성실하게
행하는 자는

바른 길로
행하는 자는
걸음이
평안하려니와

속이는
저울은
여호와께서
미워하시나

굽은 길로
행하는 자는
드러나리라

잠언 10장 9절

공평한 추는
그가 기뻐하
시느니라

잠언 11장 1절

진실하게
행하는 자는
그의 기뻐하심을
받느니라

잠언 12장 22절

입술이 패역하고
미련한 자보다
나으니라

잠언 19장 1절

말씀 믿음
쓱쓱 쑥쑥
성경필사

화평말씀 필사하기

골로새서 3장 13절
로마서 12장 18절
고린도후서 5장 18절
히브리서 12장 14절
야고보서 3장 18절

화평 1

어휘 쑥쑥

♥ **피차**: 이쪽과 저쪽의 양쪽

누가 누구에게 불만이 있거든 서로 용납하여 피차 용서하되
주께서 너희를 용서하신 것 같이 너희도 그리하고
골로새서 3장 13절

누가 누구에게 불만이 있거든
서로 용납하여 피차 용서하되
주께서 너희를 용서하신 것 같이
너희도 그리하고
골로새서 3장 13절

누가 누구에게 불만이 있거든
서로 용납하여 피차 용서하되
주께서 너희를 용서하신 것 같이 너희도 그리하고
골로새서 3장 13절

누가 누구에게 ____이 있거든
서로 용납하여 피차 용서하되
주께서 너희를 ____하신 것 같이 너희도 그리하고

골로새서 3장 13절

화평 2

어휘 쏙쏙

- **더불어**: 함께, 서로, 같이
- **화목**: 서로 뜻이 맞고 정다움

할 수 있거든 너희로서는
모든 사람과 **더불어** **화목**하라
로마서 12장 18절

	할		수		있	거	든		너	희	로	서	는		모
든		사	람	과		더	불	어		화	목	하	라		
로	마	서		12	장		18	절							

할 수 있거든 너희로서는
모든 사람과 더불어 화목하라
로마서 12장 18절

할 수 있거든 너희로서는
_____과 더불어 _____하라
로마서 12장 18절

화평 3

어휘 쑥쑥

♥ **직분**: 직장에서 책임을 지고 맡은 일에 따른 기본적인 역할과 위치
/ 마땅히 해야할 일이나 지켜야 할 도리

모든 것이 하나님께로서 났으며
그가 그리스도로 말미암아 우리를 자기와 화목하게 하시고
또 우리에게 화목하게 하는 **직분**을 주셨으니
고린도후서 5장 18절

	모	든		것	이		하	나	님	께	로	서		났	으
며		그	가		그	리	스	도	로		말	미	암	아	
우	리	를		자	기	와		화	목	하	게		하	시	고
또		우	리	에	게		화	목	하	게		하	는		직
분	을		주	셨	으	니									
고	린	도	후	서		5	장		18	절					

모든 것이 하나님께로서 났으며

그가 그리스도로 말미암아 우리를 자기와 화목하게 하시고

또 우리에게 화목하게 하는 직분을 주셨으니

고린도후서 5장 18절

모든 것이 하나님께로서 났으며
그가 그리스도로 말미암아 ＿＿를 자기와 ＿＿하게 하시고
또 우리에게 화목하게 하는 ＿＿을 주셨으니

고린도후서 5장 18절

화평 4

어휘 쑥쑥

- **화평**: 마음속이나 사람들 사이에 갈등이 없이 평화로움 / 나라 사이에 충돌이나 전쟁이 없이 평화로움
- **거룩**: 매우 성스럽고 우러러 받들 만큼 깨끗하고 위대함

모든 사람과 더불어 **화평**함과 **거룩**함을 따르라
이것이 없이는 아무도 주를 보지 못하리라
히브리서 12장 14절

	모	든		사	람	과		더	불	어		화	평	함	과
거	룩	함	을		따	르	라		이	것	이		없	이	는
아	무	도		주	를		보	지		못	하	리	라		
히	브	리	서		12	장		14	절						

모든 사람과 더불어 화평함과 거룩함을 따르라

이것이 없이는 아무도 주를 보지 못하리라

히브리서 12장 14절

모든 사람과 ____ 화평함과 거룩함을 따르라

이것이 없이는 ____ 주를 보지 못하리라

히브리서 12장 14절

화평 5

어휘 쑥쑥

- **화평**: 마음속이나 사람들 사이에 갈등이 없이 평화로움 / 나라 사이에 충돌이나 전쟁이 없이 평화로움
- **의**: 사람으로서 지키고 따라야 할 바른 도리

화평하게 하는 자들은
화평으로 심어 의의 열매를 거두느니라
야고보서 3장 18절

	화	평	하	게		하	는		자	들	은		화	평	으
로		심	어		의	의		열	매	를		거	두	느	니
라															
야	고	보	서		3	장		18	절						

화평하게 하는 자들은 화평으로 심어
의의 열매를 거두느니라
야고보서 3장 18절

____하게 하는 자들은 화평으로 ____
____ 열매를 거두느니라

야고보서 3장 18절

퀴즈 풀고 쓱쓱 말씀 먹고 쑥쑥

빈칸에 알맞은 단어를 아래의 상자에서 골라 쓰세요.

화평 거룩 의 피차 직분

① 마음속이나 사람들 사이에 갈등이 없이 평화로움 / 나라 사이에 충돌이나 전쟁이 없이 평화로움

② 직장에서 책임을 지고 맡은 일에 따른 기본적인 역할과 위치 / 마땅히 해야할 일이나 지켜야 할 도리

③ 사람으로서 지키고 따라야 할 바른 도리

④ 매우 성스럽고 우러러 받들 만큼 깨끗하고 위대함

⑤ 이쪽과 저쪽의 양쪽

퀴즈 풀고 쏙쏙 말씀 먹고 쑥쑥

줄을 그어 말씀을 완성하세요.

누가 누구에게
불만이 있거든
서로 용납하여
피차 용서하되

자기와 화목하게 하시고
또 우리에게 화목하게 하는
직분을 주셨으니
고린도후서 5장 18절

모든 사람과
더불어 화평함과
거룩함을 따르라

의의 열매를
거두느니라
야고보서 3장 18절

모든 것이
하나님께로서 났으며
그가 그리스도로
말미암아 우리를

더불어 화목하라
로마서 12장 18절

화평하게
하는 자들은
화평으로 심어

주께서 너희를
용서하신 것 같이
너희도 그리하고
골로새서 3장 13절

할 수 있거든
너희로서는
모든 사람과

이것이 없이는
아무도 주를
보지 못하리라
히브리서 12장 14절

말씀 쓱쓱 믿음 쑥쑥 성경필사

주기도문 필사하기

마태복음 6장 9~13절

주기도문 1

어휘 쑥쑥

- **거룩하다**: 매우 성스럽고 우러러 받들 만큼 깨끗하고 위대하다
- **여기다(여김)**: 마음속으로 어떤 대상을 무엇으로 또는 어떻게 생각하다

그러므로 너희는 이렇게 기도하라
하늘에 계신 우리 아버지여
이름이 거룩히 여김을 받으시오며

그러므로 너희는 이렇게 기도하라 하늘에 계신 우리 아버지여 이름이 거룩히 여김을 받으시오며

그러므로 너희는 이렇게 기도하라
하늘에 계신 우리 아버지여
이름이 거룩히 여김을 받으시오며

그러므로 너희는 이렇게 ____하라
하늘에 계신 우리 아버지여
____이 거룩히 ____을 받으시오며

마태복음 6장 9~13절

주기도문 2

어휘 쑥쑥

♥ **임하다**: 어떤 상황이나 일에 마주 대하다 / 어떤 장소에 이르다
/ 신의 사랑이나 뜻이 인간 또는 인간 세계에 미치다

나라가 **임하시오며**
뜻이 하늘에서 이루어진 것 같이
땅에서도 이루어지이다

	나	라	가		임	하	시	오	며		뜻	이		하	늘
에	서		이	루	어	진		것		같	이		땅	에	서
도		이	루	어	지	이	다								

나라가 임하시오며

뜻이 하늘에서 이루어진 것 같이

땅에서도 이루어지이다

나라가 ________
뜻이 ____에서 이루어진 것 같이
____에서도 이루어지이다

마태복음 6장 9~13절

주기도문 3

어휘 쑥쑥

- **일용하다**: 날마다 쓰다
- **양식**: 살기 위해 필요한 사람의 먹을거리
- **사하다**: 어떤 사람이 저지른 잘못이나 죄를 용서하다

오늘 우리에게 일용할 양식을 주시옵고
우리가 우리에게 죄 지은 자를 사하여 준 것 같이
우리 죄를 사하여 주시옵고

	오	늘		우	리	에	게		일	용	할		양	식	을
주	시	옵	고		우	리	가		우	리	에	게		죄	
지	은		자	를		사	하	여		준		것		같	이
우	리		죄	를		사	하	여		주	시	옵	고		

오늘 우리에게 일용할 양식을 주시옵고

우리가 우리에게 죄 지은 자를 사하여 준 것 같이

우리 죄를 사하여 주시옵고

____ 우리에게 일용할 ____을 주시옵고
우리가 우리에게 죄 지은 자를 ____ 준 것 같이
우리 ____를 사하여 주시옵고

마태복음 6장 9~13절

주기도문 4

어휘 쑥쑥

♥ **다만**: 다른 것이 아니라 오로지
(앞에 오는 말을 인정하면서 그에 반대되거나 관계없는 내용을 덧붙여 말할 때 쓰는 말)

우리를 시험에 들게 하지 마시옵고
다만 악에서 구하시옵소서

	우	리	를		시	험	에		들	게		하	지		마
시	옵	고		다	만		악	에	서		구	하	시	옵	소
서															

우리를 시험에 들게 하지 마시옵고
다만 악에서 구하시옵소서

우리를 ____에 들게 하지 마시옵고
다만 __에서 구하시옵소서

마태복음 6장 9~13절

주기도문 5

어휘 쑥쑥

- **권세**: 아주 큰 권력
- **영광**: 빛이 날 만큼 아름답고 자랑스러운 명예

(나라와 권세와 영광이
아버지께 영원히 있사옵나이다 아멘)
마태복음 6장 9~13절

	(	나	라	와		권	세	와		영	광	이		아	버
지	께		영	원	히		있	사	옵	나	이	다		아	멘
)															
마	태	복	음		6	장		9	~	13	절				

(나라와 권세와 영광이
아버지께 영원히 있사옵나이다
아멘)
마태복음 6장 9~13절

(____ 와 ____ 와 ____ 이
아버지께 영원히 있사옵나이다
아멘)

마태복음 6장 9~13절

말씀 쓱쓱 믿음 쑥쑥

성경필사

십계명 필사하기

출애굽기 20장1~17절

십계명 1

어휘 쏙쏙

♥ **네**: '너의'가 줄어든 말 / '너'에 조사 '가'가 붙을 때의 형태 (네가 좋아하는 솜사탕)

하나님이 이 모든 말씀으로 말씀하여 이르시되
나는 너를 애굽 땅, 종 되었던 집에서 인도하여 낸 네 하나님 여호와니라
너는 나 외에는 다른 신들을 네게 두지 말라

하나님이 이 모든 말씀으로 말씀하여 이르시되 나는 너를 애굽 땅, 종 되었던 집에서 인도하여 낸 네 하나님 여호와니라 너는 나 외에는 다른 신들을 네게 두지 말라

하나님이 이 모든 말씀으로 말씀하여 이르시되
나는 너를 애굽 땅, 종 되었던 집에서
인도하여 낸 네 하나님 여호와니라
너는 나 외에는 다른 신들을 네게 두지 말라

하나님이 이 모든 _____으로 말씀하여 이르시되
나는 너를 애굽 땅, 종 되었던 집에서
_____하여 낸 네 하나님 여호와니라
너는 나 외에는 _____을 네게 두지 말라

출애굽기 20장1~17절

십계명 2

어휘 쑥쑥

- **우상**: 우러러 받드는 대상 / 하나님이 아닌 신의 모양을 만들어 놓은 것
- **형상**: 사물의 생긴 모양이나 상태

너를 위하여 새긴 우상을 만들지 말고
또 위로 하늘에 있는 것이나 아래로 땅에 있는 것이나
땅 아래 물 속에 있는 것의 어떤 형상도 만들지 말며

	너	를		위	하	여		새	긴		우	상	을		만
들	지		말	고		또		위	로		하	늘	에		있
는		것	이	나		아	래	로		땅	에		있	는	
것	이	나		땅		아	래		물		속	에		있	는
것	의		어	떤		형	상	도		만	들	지		말	며

너를 위하여 새긴 우상을 만들지 말고
또 위로 하늘에 있는 것이나 아래로 땅에 있는 것이나
땅 아래 물 속에 있는 것의 어떤 형상도 만들지 말며

너를 위하여 새긴 ____을 만들지 말고
또 위로 하늘에 있는 것이나 아래로 땅에 있는 것이나
땅 아래 물 속에 있는 것의 어떤 ____도 만들지 말며

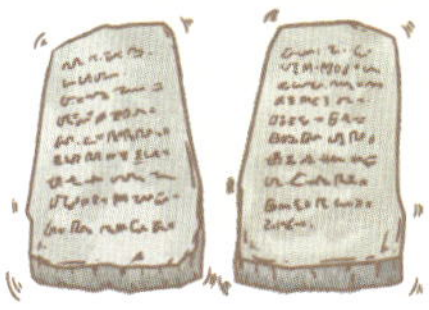

출애굽기 20장1~17절

십계명 3

어휘 쑥쑥

- **섬기다**: 특별한 존재로 삼아 따르고 받들다
- **삼대**: 아버지, 아들, 손자의 세 세대

그것들에게 절하지 말며 그것들을 **섬기지** 말라
나 네 하나님 여호와는 질투하는 하나님인즉
나를 미워하는 자의 죄를 갚되
아버지로부터 아들에게로 **삼사 대**까지 이르게 하거니와

	그	것	들	에	게		절	하	지		말	며		그	것
들	을		섬	기	지		말	라		나		네		하	나
님		여	호	와	는		질	투	하	는		하	나	님	인
즉		나	를		미	워	하	는		자	의		죄	를	
갚	되		아	버	지	로	부	터		아	들	에	게	로	
삼	사		대	까	지		이	르	게		하	거	니	와	

그것들에게 절하지 말며 그것들을 섬기지 말라
나 네 하나님 여호와는 질투하는 하나님인즉
나를 미워하는 자의 죄를 갚되
아버지로부터 아들에게로 삼사 대까지 이르게 하거니와

그것들에게 절하지 말며 그것들을 ______ 말라
나 네 하나님 여호와는 ______하는 하나님인즉
나를 미워하는 자의 죄를 갚되
아버지로부터 아들에게로 삼사 대까지 이르게 하거니와

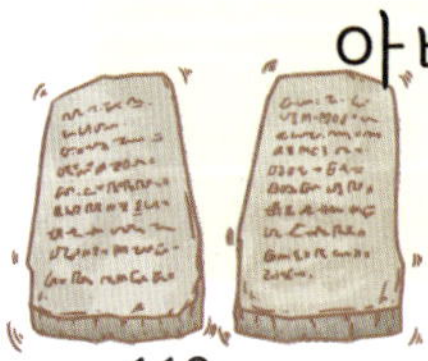

출애굽기 20장1~17절

십계명 4

어휘 쑥쑥

♥ **계명**: 하나님이 내린 가르침

나를 사랑하고 내 **계명**을 지키는 자에게는
천 대까지 은혜를 베푸느니라

	나	를		사	랑	하	고		내		계	명	을		지
키	는		자	에	게	는		천		대	까	지		은	혜
를		베	푸	느	니	라									

나를 사랑하고 내 계명을 지키는 자에게는
천 대까지 은혜를 베푸느니라

나를 사랑하고 내 ____을 지키는 자에게는
천 대까지 ____를 베푸느니라

출애굽기 20장 1~17절

십계명 5

어휘 쑥쑥

♥ **망령**: 늙거나 정신이 흐려져서 말이나 행동이 정상적인 상태를 벗어남

너는 네 하나님 여호와의 이름을 **망령**되게 부르지 말라
여호와는 그의 이름을 망령되게 부르는 자를
죄 없다 하지 아니하리라

	너	는		네		하	나	님		여	호	와	의		이
름	을		망	령	되	게		부	르	지		말	라		여
호	와	는		그	의		이	름	을		망	령	되	게	
부	르	는		자	를		죄		없	다		하	지		아
니	하	리	라												

너는 네 하나님 여호와의 이름을
망령되게 부르지 말라
여호와는 그의 이름을 망령되게
부르는 자를 죄 없다 하지 아니하리라

너는 네 하나님 여호와의 이름을
______되게 부르지 말라
여호와는 그의 이름을 망령되게
부르는 자를 ______하지 아니하리라

출애굽기 20장1~17절

십계명 6

어휘 쑥쑥

- **안식일**: 일을 쉬고 예배를 드리는 날
- **엿새**: 여섯째 날

안식일을 기억하여 거룩하게 지키라
엿새 동안은 힘써 네 모든 일을 행할 것이니

	안	식	일	을		기	억	하	여		거	룩	하	게	
지	키	라		엿	새		동	안	은		힘	써		네	
모	든		일	을		행	할		것	이	나				

안식일을 기억하여 거룩하게 지키라

엿새 동안은 힘써 네 모든 일을 행할 것이니

_____을 기억하여 거룩하게 지키라
엿새 동안은 _____ 네 모든 일을 행할 것이니

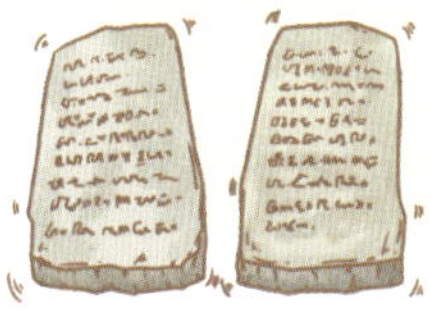

출애굽기 20장1~17절

십계명 7

어휘 쑥쑥

- **남종**: 남의 집에서 대대로 살며 천한 일을 하던 남자 / 다른 사람의 명령에 따라 움직이는 남자
- **여종**: 남의 집에서 대대로 살며 천한 일을 하던 여자 / 다른 사람의 명령에 따라 움직이는 여자
- **객**: 찾아온 손님

일곱째 날은 네 하나님 여호와의 안식일인즉
너나 네 아들이나 네 딸이나 네 **남종**이나 네 **여종**이나 네 가축이나
네 문안에 머무는 **객**이라도 아무 일도 하지 말라

	일	곱	째		날	은		네		하	나	님		여	호
와	의		안	식	일	인	즉		너	나		네		아	들
이	나		네		딸	이	나		네		남	종	이	나	
네		여	종	이	나		네		가	축	이	나		네	
문	안	에		머	무	는		객	이	라	도		아	무	
일	도		하	지		말	라								

일곱째 날은 네 하나님 여호와의 안식일인즉
너나 네 아들이나 네 딸이나 네 남종이나
네 여종이나 네 가축이나 네 문안에 머무는 객이라도
아무 일도 하지 말라

일곱째 날은 네 하나님 여호와의 ______인즉
너나 네 아들이나 네 딸이나 네 남종이나
네 여종이나 네 가축이나 네 문안에 머무는 객이라도
______도 하지 말라

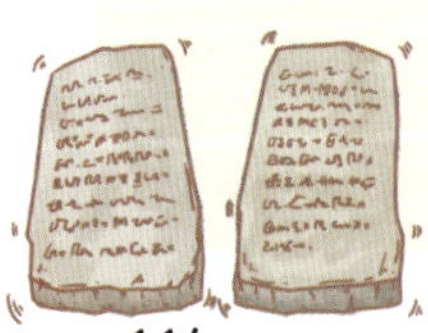

출애굽기 20장1~17절

십계명 8

어휘 쑥쑥

♥ **복되다**: 복을 받아 기쁘고 즐겁다

이는 엿새 동안에 나 여호와가 하늘과 땅과 바다와
그 가운데 모든 것을 만들고 일곱째 날에 쉬었음이라
그러므로 나 여호와가 안식일을 **복되게** 하여 그 날을 거룩하게 하였느니라

	이	는		엿	새		동	안	에		나		여	호	와
가		하	늘	과		땅	과		바	다	와		그		가
운	데		모	든		것	을		만	들	고		일	곱	째
날	에		쉬	었	음	이	라		그	러	므	로		나	
여	호	와	가		안	식	일	을		복	되	게		하	여
그		날	을		거	룩	하	게		하	였	느	니	라	

이는 엿새 동안에 나 여호와가 하늘과 땅과 바다와

그 가운데 모든 것을 만들고 일곱째 날에 쉬었음이라

그러므로 나 여호와가 안식일을 복되게 하여

그 날을 거룩하게 하였느니라

이는 엿새 동안에 나 여호와가 하늘과 땅과 바다와
그 가운데 ______을 만들고 일곱째 날에 쉬었음이라
그러므로 나 여호와가 안식일을 ______ 하여
그 날을 ______하게 하였느니라

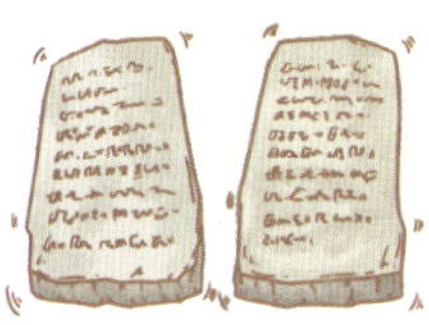

출애굽기 20장1~17절

십계명 9

어휘 쑥쑥

♥ **공경**: 윗사람을 공손히 받들어 모심

네 부모를 공경하라 그리하면
네 하나님 여호와가 네게 준 땅에서 네 생명이 길리라
살인하지 말라 간음하지 말라 도둑질하지 말라

	네		부	모	를		공	경	하	라		그	리	하	면
네		하	나	님		여	호	와	가		네	게		준	
땅	에	서		네		생	명	이		길	리	라		살	인
하	지		말	라		간	음	하	지		말	라		도	둑
질	하	지		말	라										

네 부모를 공경하라 그리하면
네 하나님 여호와가 네게 준 땅에서 네 생명이 길리라
살인하지 말라 간음하지 말라
도둑질하지 말라

네 부모를 ______하라 그리하면
네 하나님 여호와가 네게 준 땅에서 네 생명이 길리라
______하지 말라
______하지 말라 ______하지 말라

출애굽기 20장1~17절

십계명 10

어휘 쑥쑥

- **탐내다**: 자기 것으로 가지고 싶어 하다
- **무릇**: 대체로 미루어 생각해 보면
- **소유**: 자기의 것으로 가지고 있음. 또는 가지고 있는 물건

네 이웃에 대하여 거짓 증거하지 말라
네 이웃의 집을 탐내지 말라 네 이웃의 아내나 그의 남종이나
그의 여종이나 그의 소나 그의 나귀나 무릇 네 이웃의 소유를 탐내지 말라

	네		이	웃	에		대	하	여		거	짓		증	거
하	지		말	라		네		이	웃	의		집	을		탐
내	지		말	라		네		이	웃	의		아	내	나	
그	의		남	종	이	나		그	의		여	종	이	나	
그	의		소	나		그	의		나	귀	나		무	릇	
네		이	웃	의		소	유	를		탐	내	지		말	라

네 이웃에 대하여 거짓 증거하지 말라
네 이웃의 집을 탐내지 말라 네 이웃의 아내나
그의 남종이나 그의 여종이나 그의 소나 그의 나귀나
무릇 네 이웃의 소유를 탐내지 말라

네 이웃에 대하여 ________하지 말라
네 이웃의 집을 ________ 말라 네 이웃의 아내나
그의 남종이나 그의 여종이나 그의 소나 그의 나귀나
무릇 네 이웃의 ____를 탐내지 말라

출애굽기 20장1~17절

말씀 쓱쓱 믿음 쑥쑥 성경필사

주기도문. 십계명. 감사. 사랑. 순종 등
주제별 성경 말씀과
단어의 뜻이 있어 쉽게 따라 쓰는
성경 필사!

쓱쓱쑥쑥 성경필사 - 말씀 쓱쓱 믿음 쑥쑥 성경필사

초판 발행	2025년 1월 3일	**지은이**	땡큐잉글리쉬
발행인	고은혜	**발행처**	땡큐잉글리쉬
출판사	등록일 2021년 6월 22일	**대표전화**	070-7954-2909
홈페이지	www.thankuenglish.com		
주소	서울 종로구 대학로3길 29 한국교회 100주년 기념관 612호		

※ 잘못 만들어진 책은 구입처에서 바꿔 드립니다.
※ 이 책은 저작권법에 따라 보호받는 저작물이므로 무단전제와 무단복제를 금합니다.
※ 이 책의 내용을 이용하려면 반드시 사전에 저작권자와 서면 동의를 받아야 합니다.

ISBN 979-11-92611-15-0(73230) 정가 15,000원